SONATE EN MI MAJEUR

OPUS I

SONATE EN MI MAJEUR
OPUS I

LAZARE LUBEK

© 2021 Lazare LUBEK

Éditeur : BoD-Books on Demand
12-14 rond-point des Champs-Élysées, 75008 Paris
Impression : Books on Demand, Norderstedt, Allemagne

ISBN : 978-2-3221-7980-0

Dépôt légal : janvier 2021

Sonate en mi majeur :
I. Andante amoroso

molto rall. Tempo I

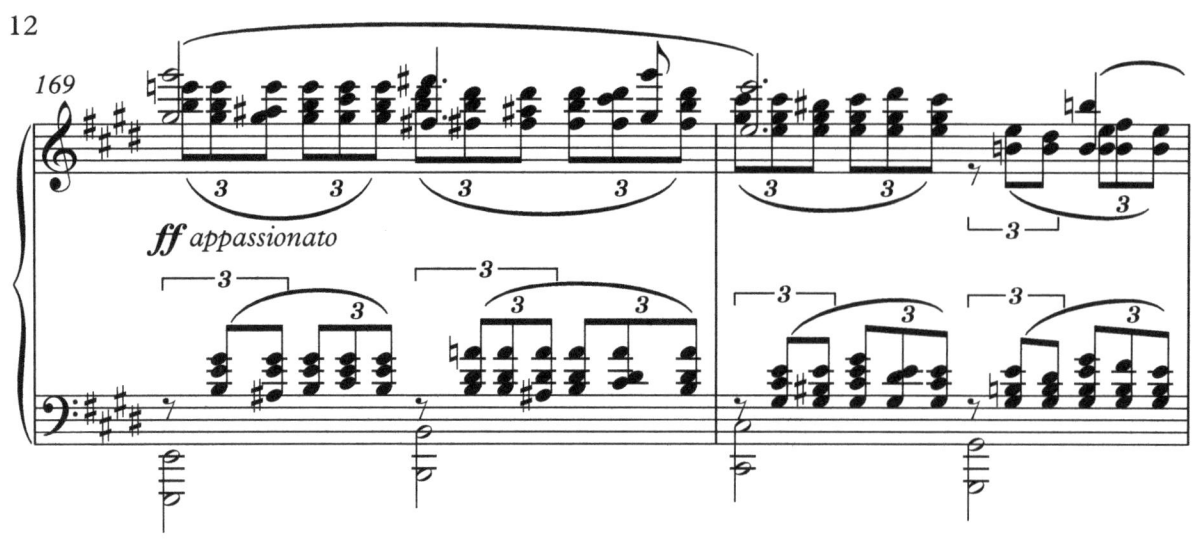
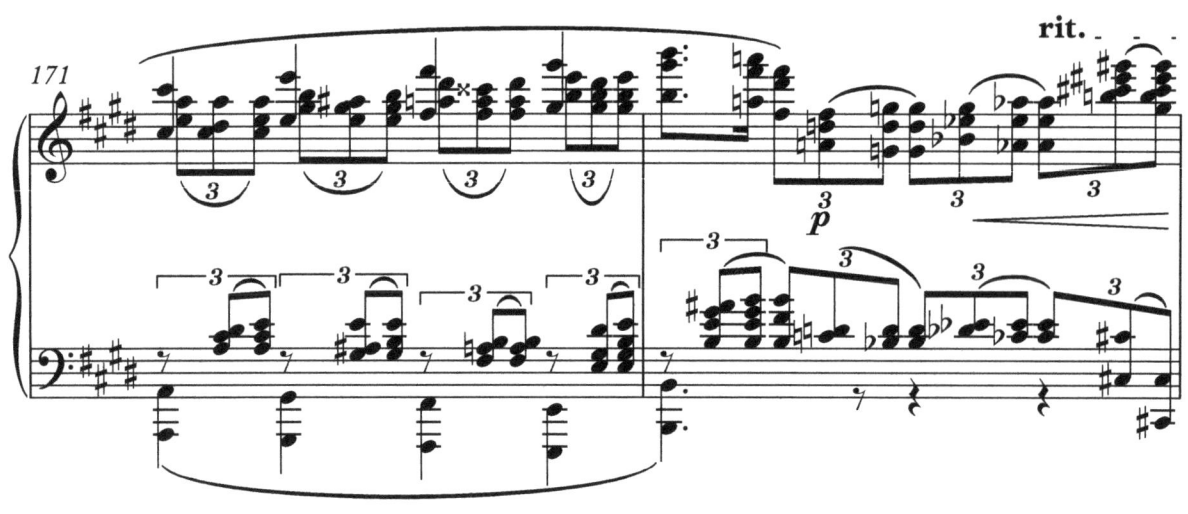
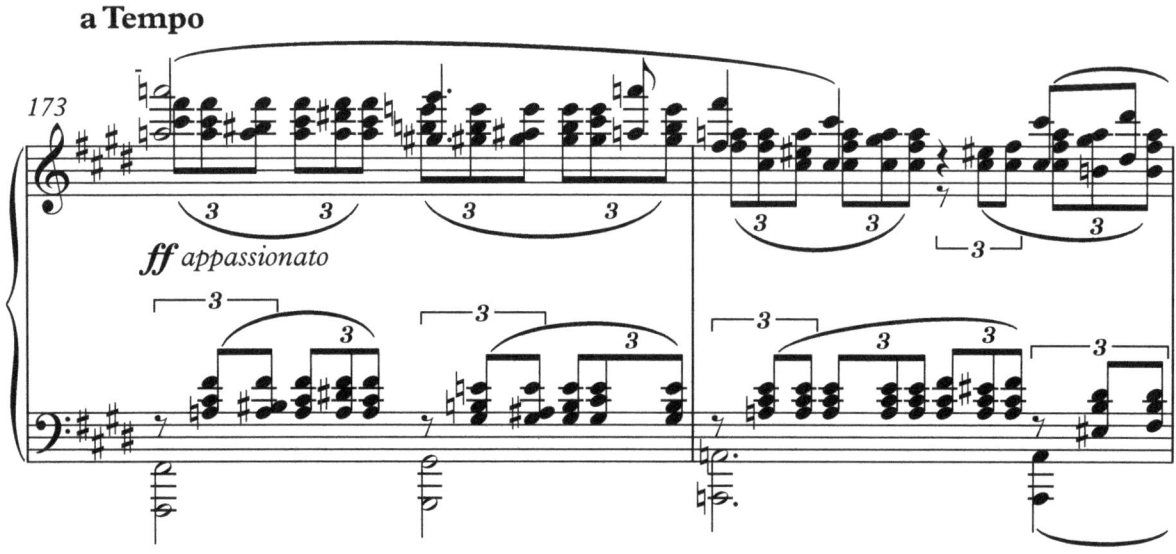

II. Scherzo

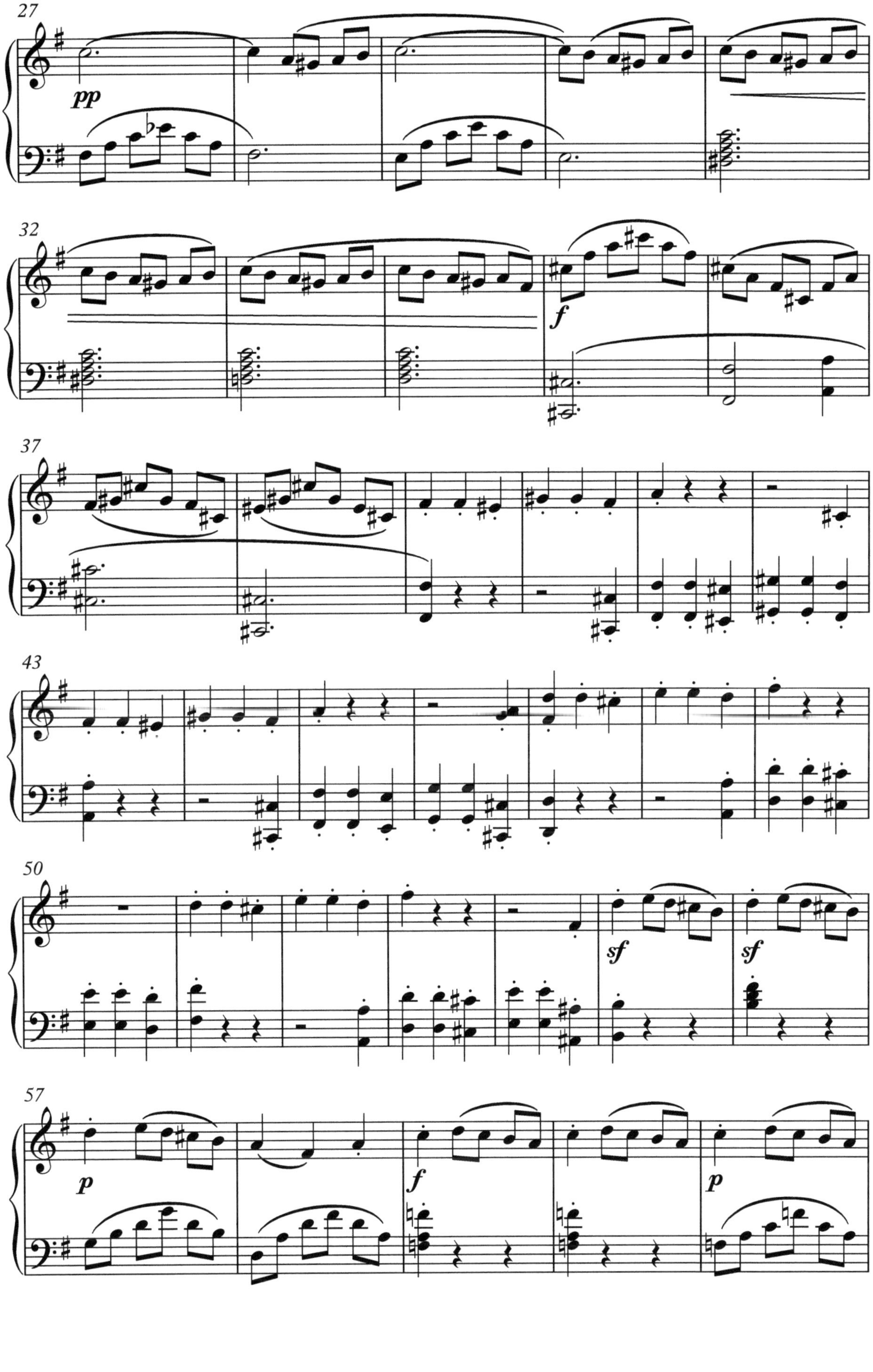
27
pp
32
f
37
43
50
sf
sf
57
p
f
p

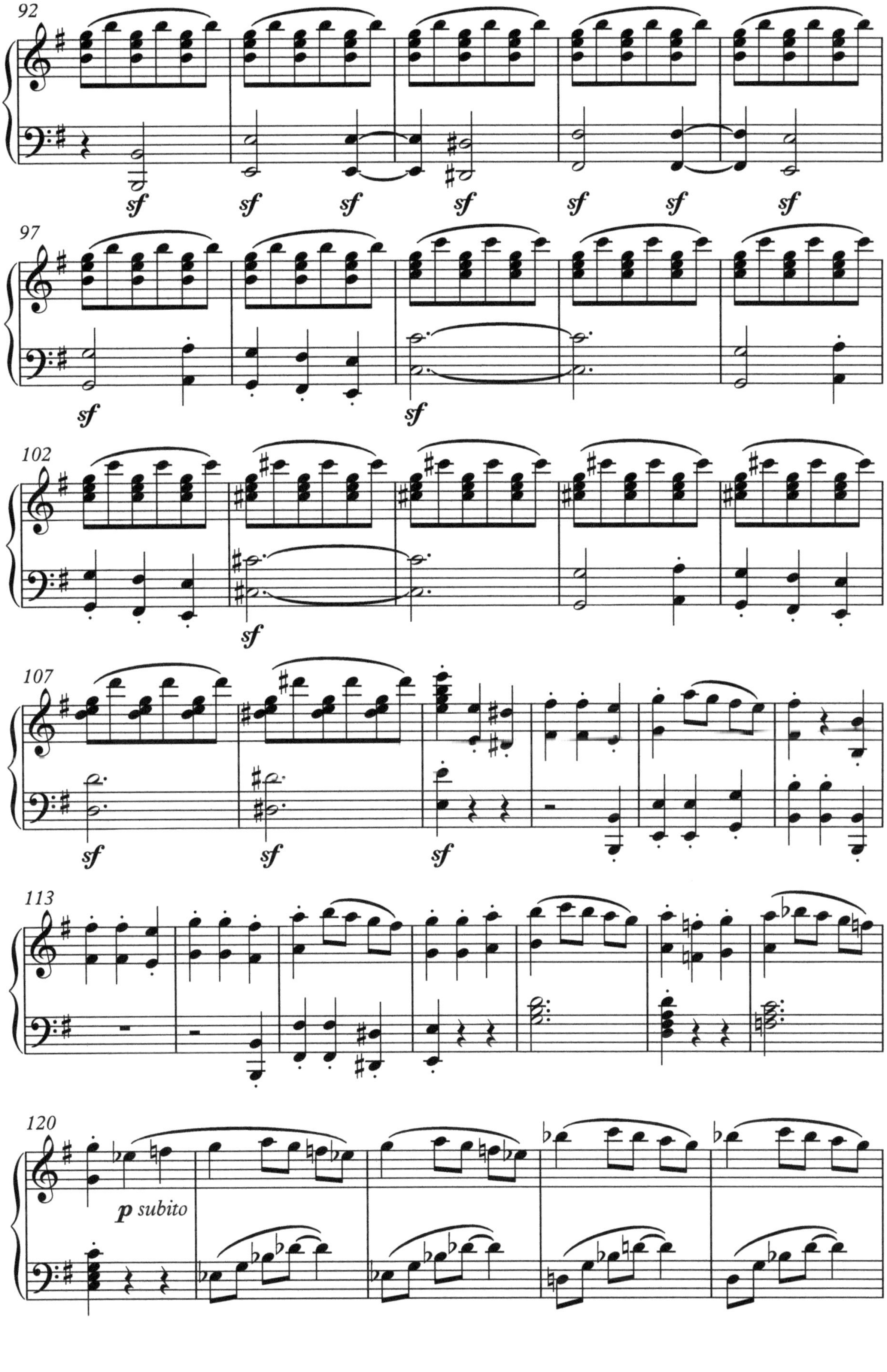
92
sf
sf
sf
sf
sf
sf
sf
97
sf
sf
102
sf
107
sf
sf
sf
113
120
p subito

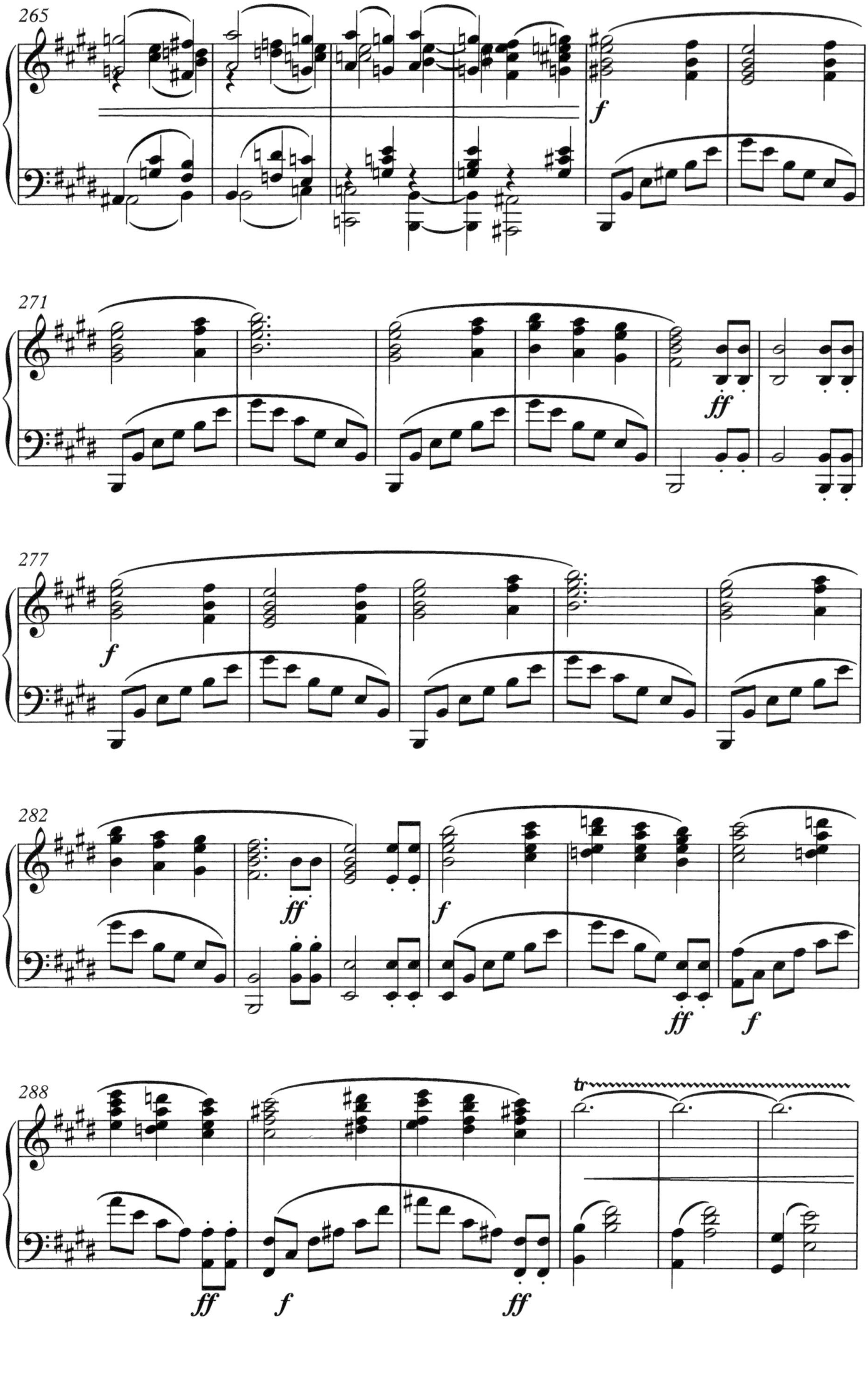

265
f
271
ff
277
f
282
ff
f
ff
f
288
ff
f
ff
tr

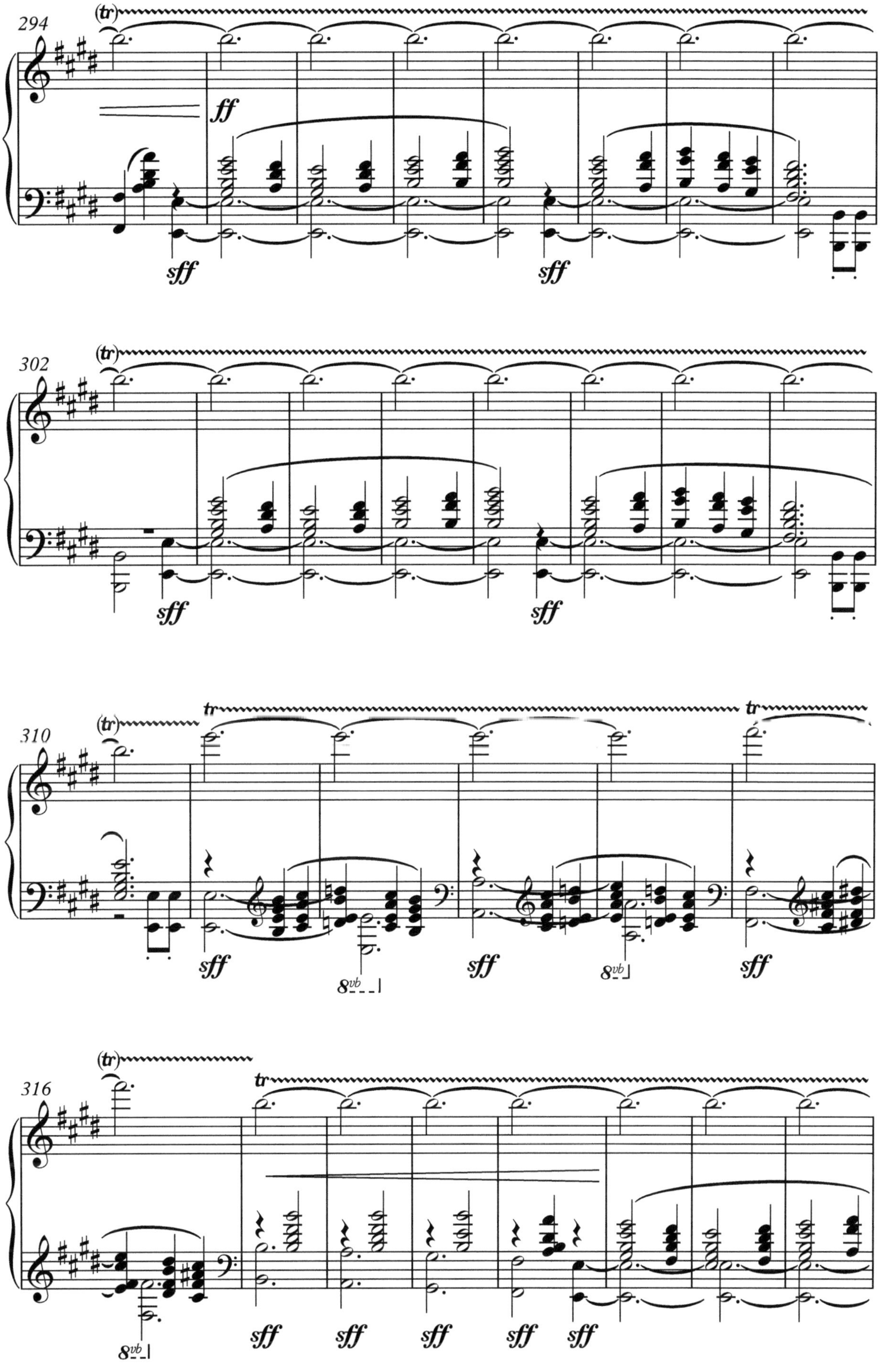
294
(tr)
ff
sff
sff
302
(tr)
sff
sff
310
(tr)
tr
tr
sff
8vb
sff
8vb
sff
316
(tr)
tr
8vb
sff
sff
sff
sff
sff

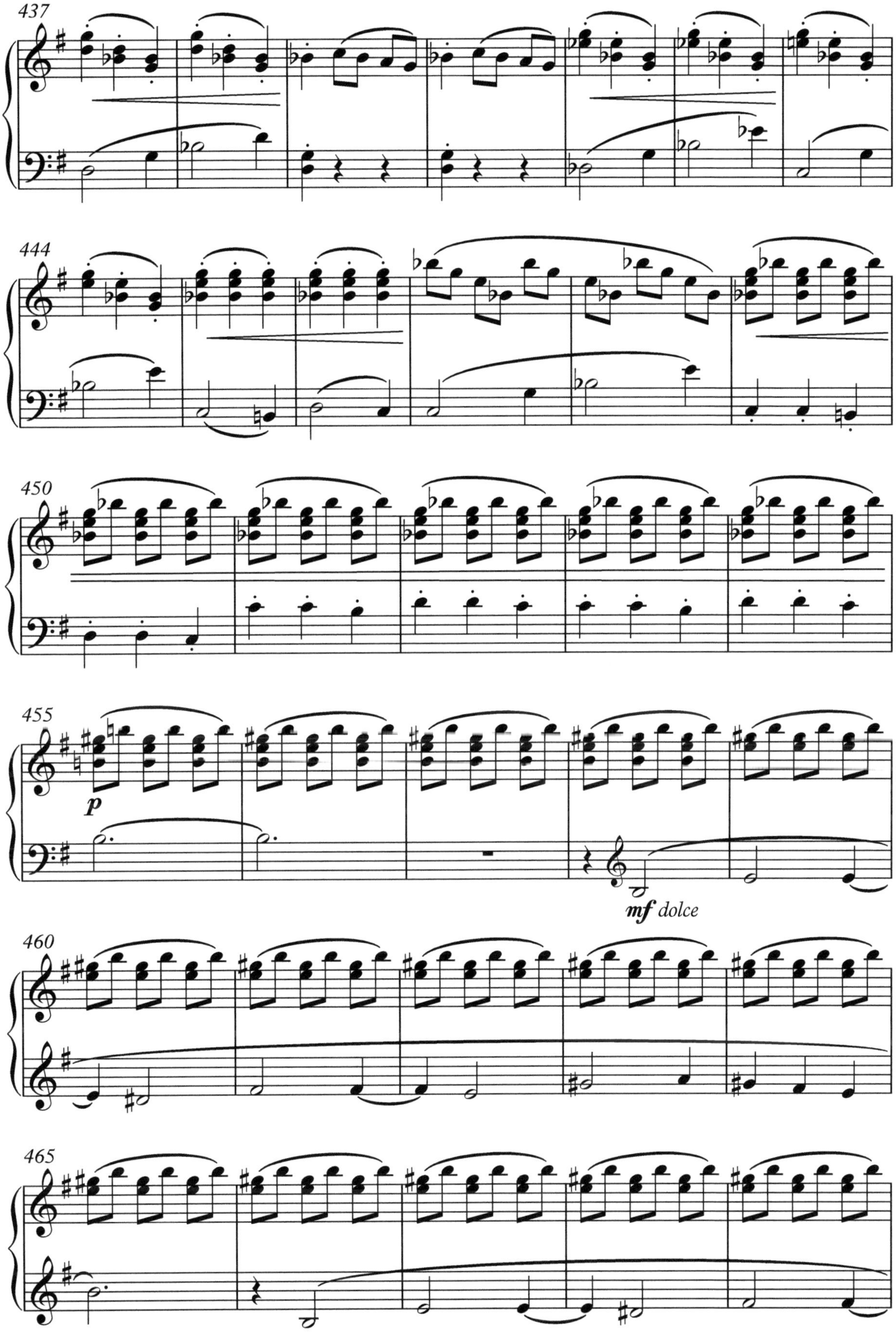
437
444
450
455
p
mf dolce
460
465

538
545
Sostenuto
mp
551
557
563
569

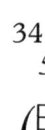

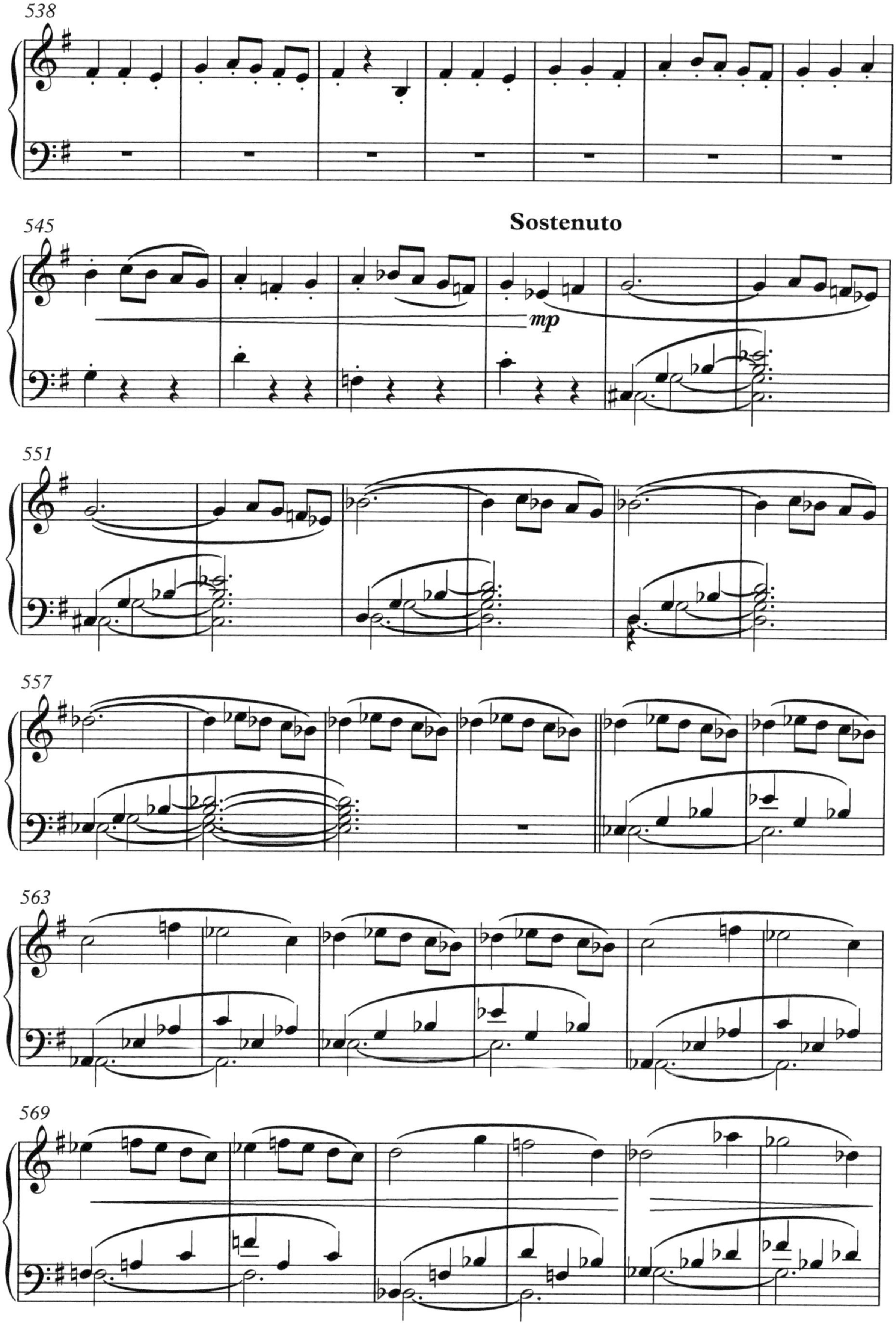

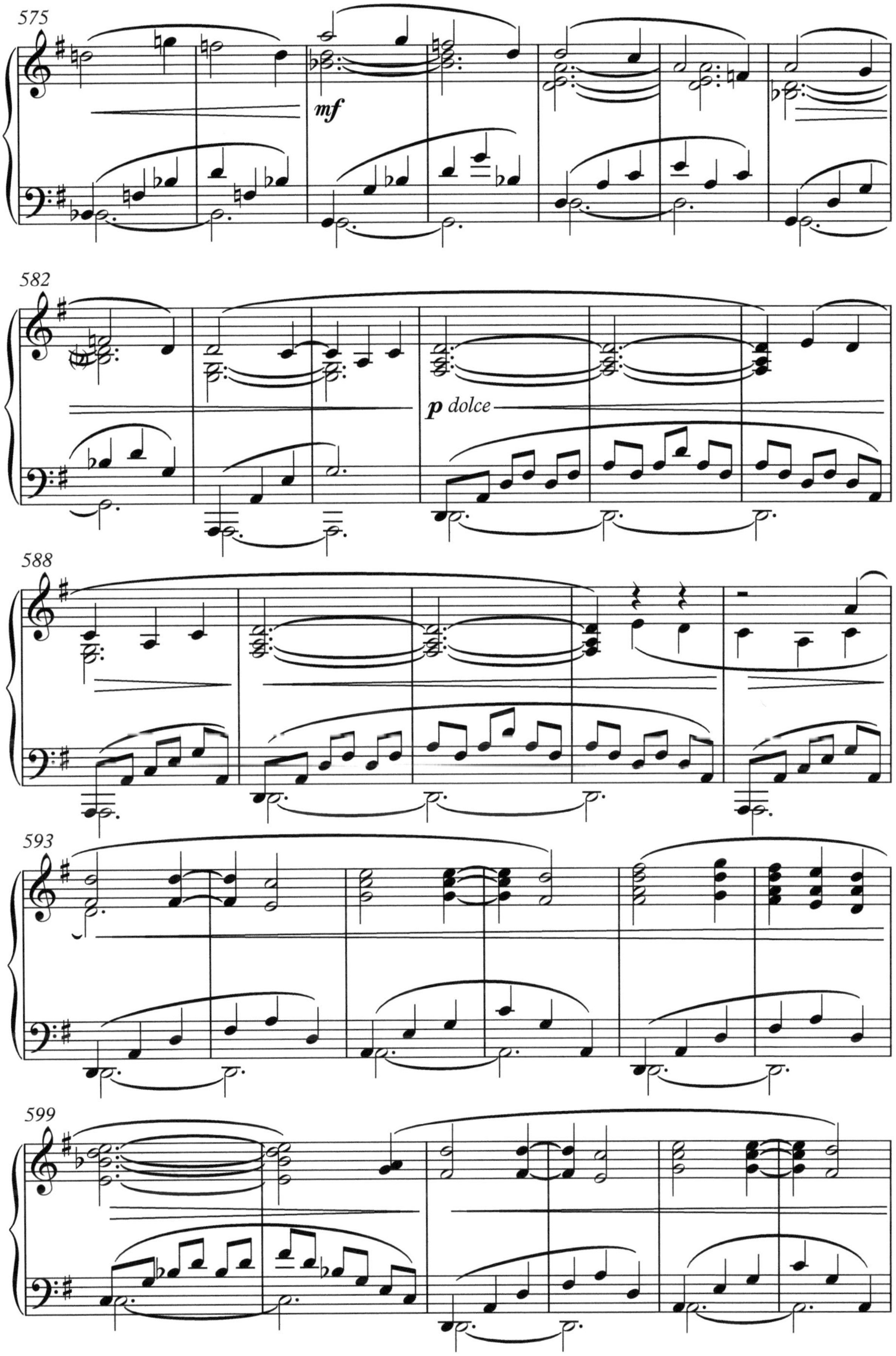
575
mf
582
p dolce
588
593
599

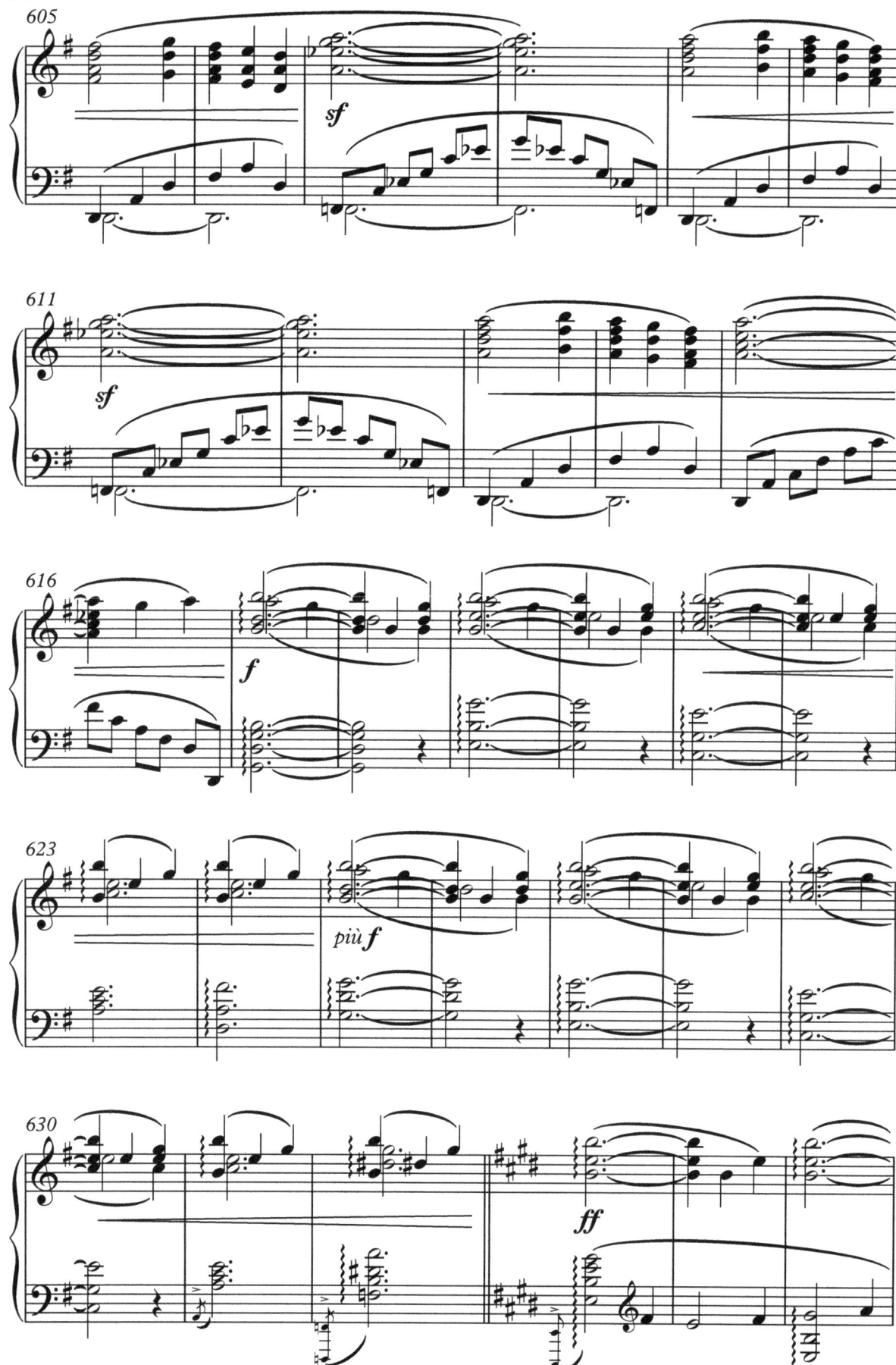

III. Adagio con espressione

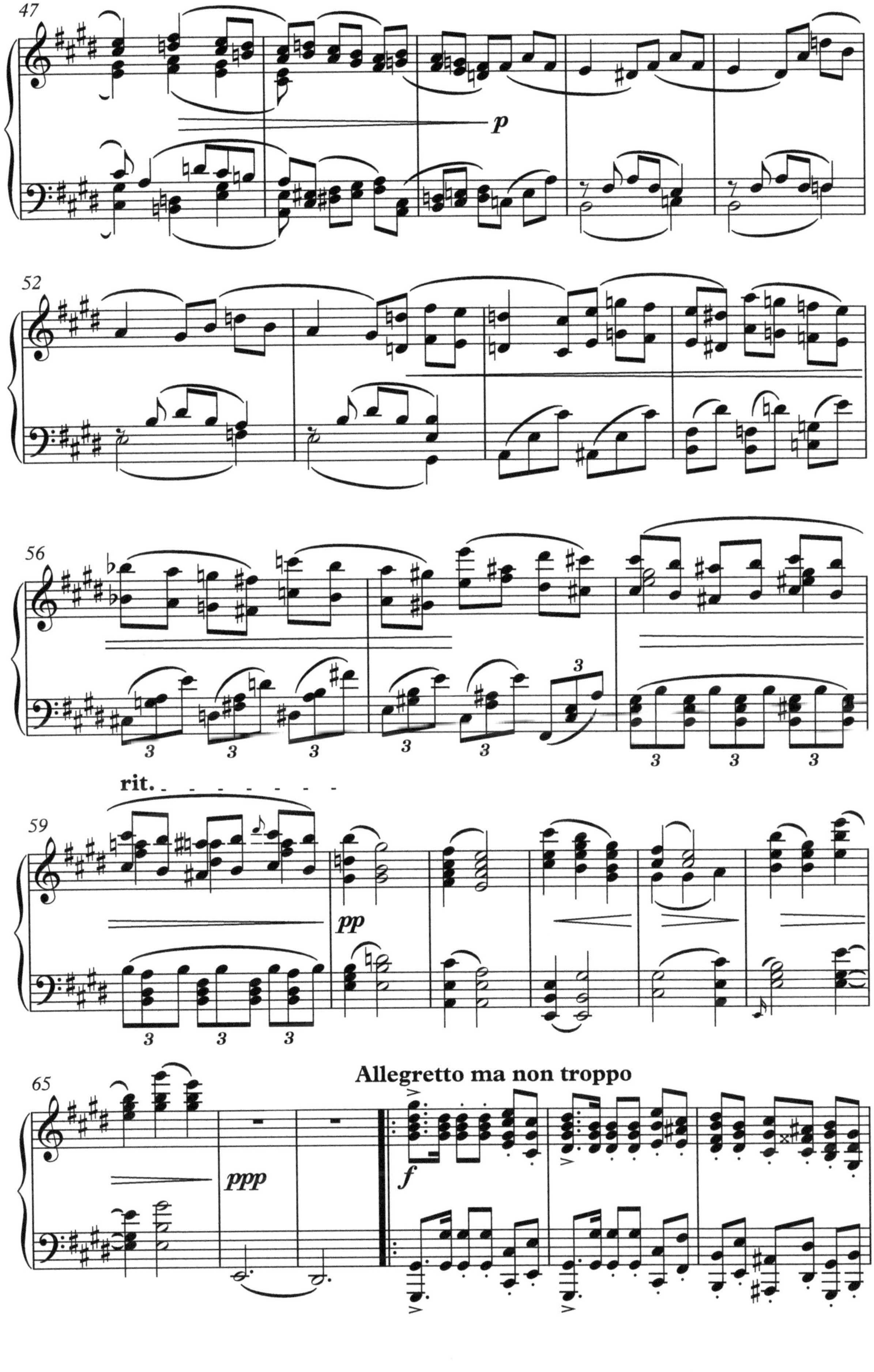
47
p
52
56
3
59
rit.
pp
65
ppp
Allegretto ma non troppo
f

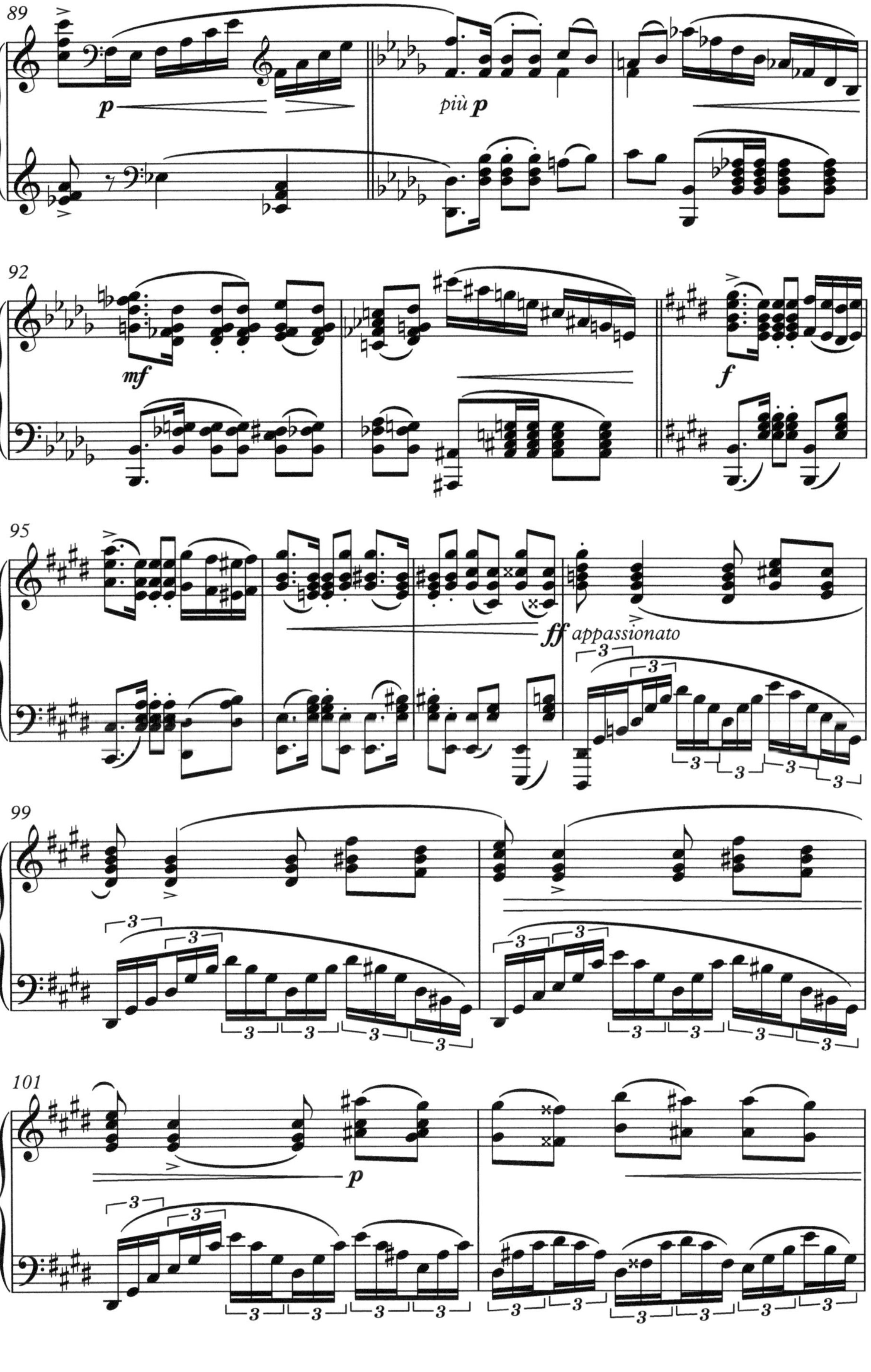
89
p
più p
92
mf
f
95
ff appassionato
99
101
p

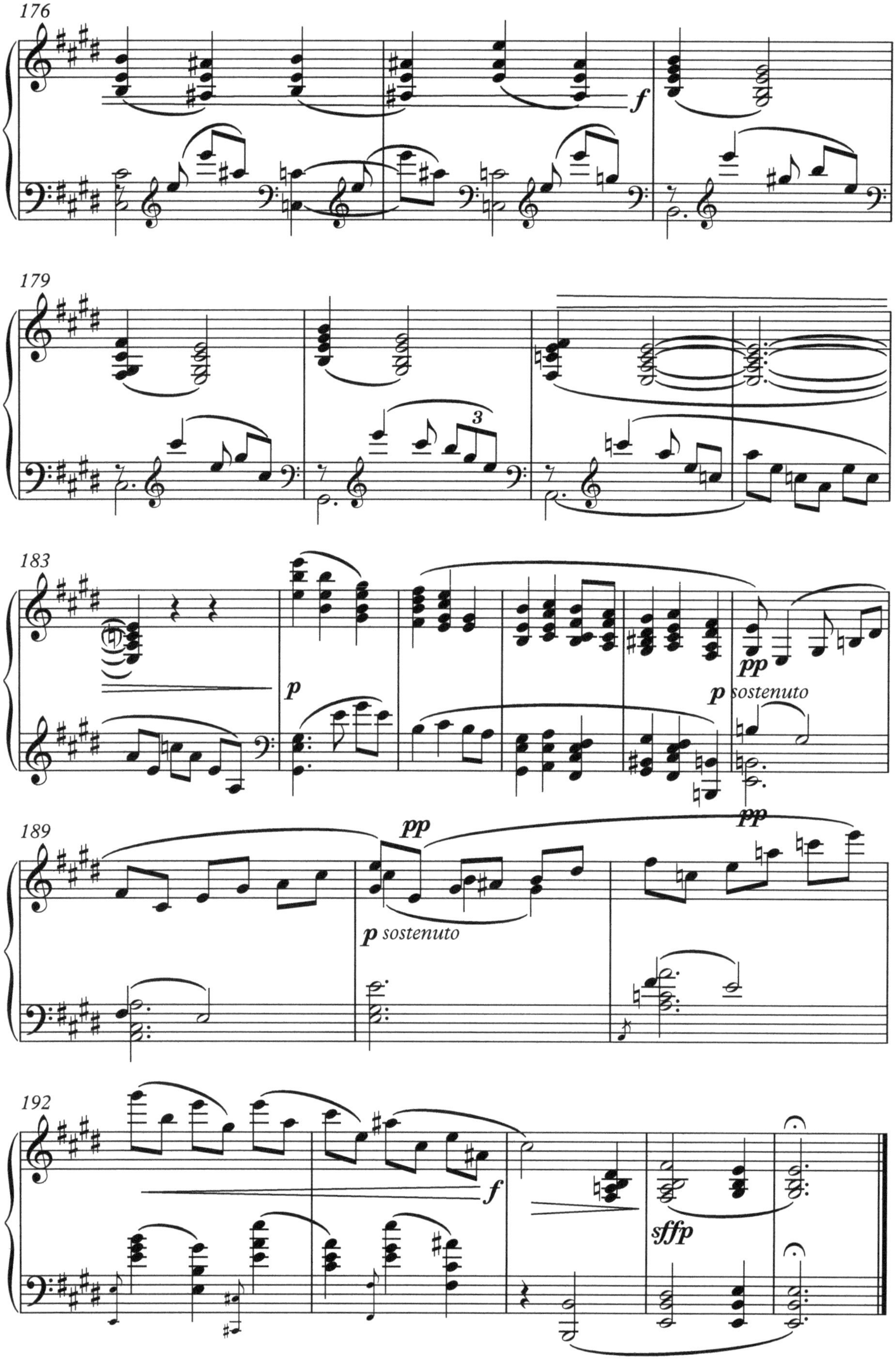
176
f
179
3
183
p
pp
p sostenuto
189
pp
pp
p sostenuto
192
f
sffp

IV. Final

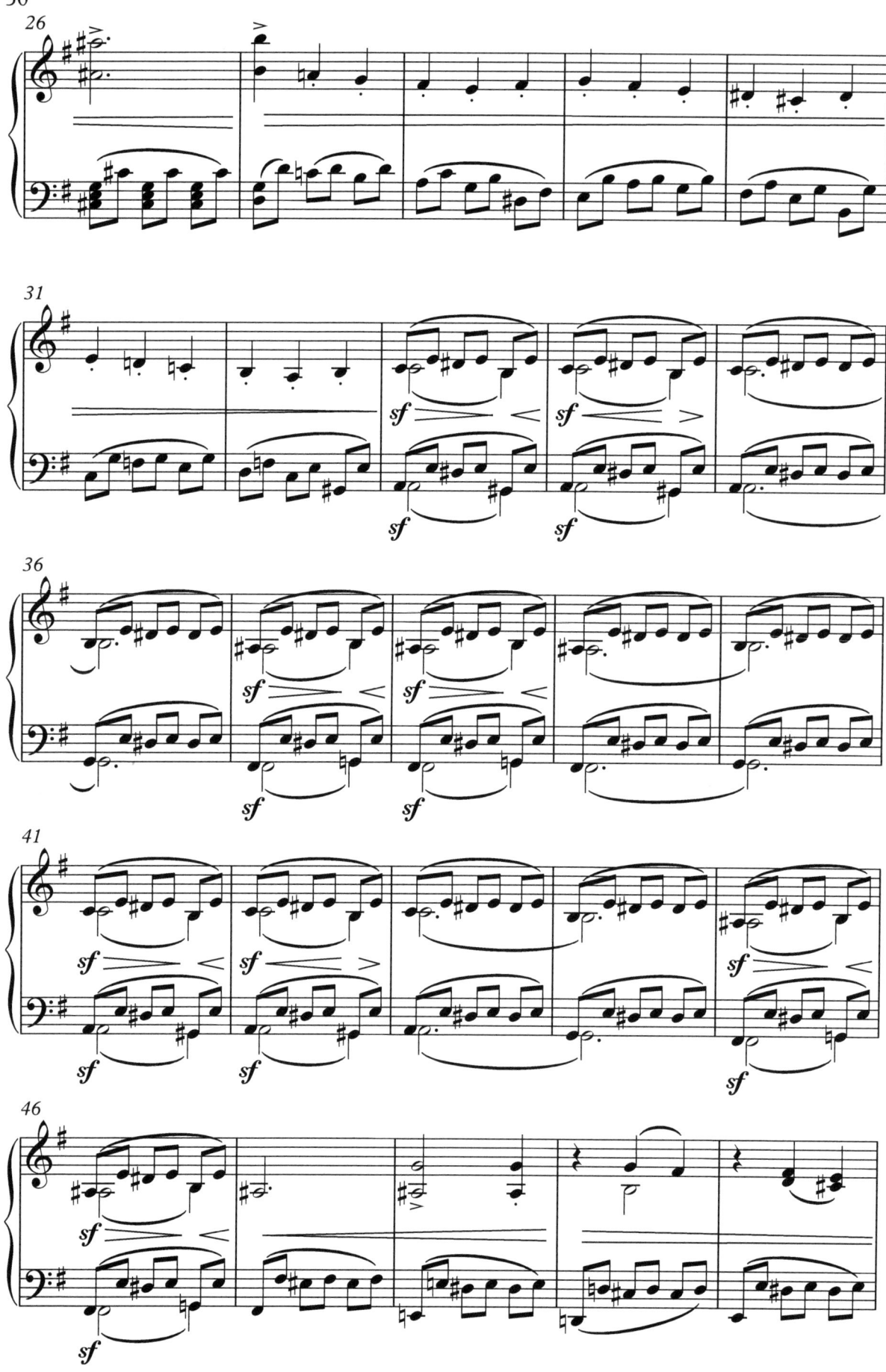

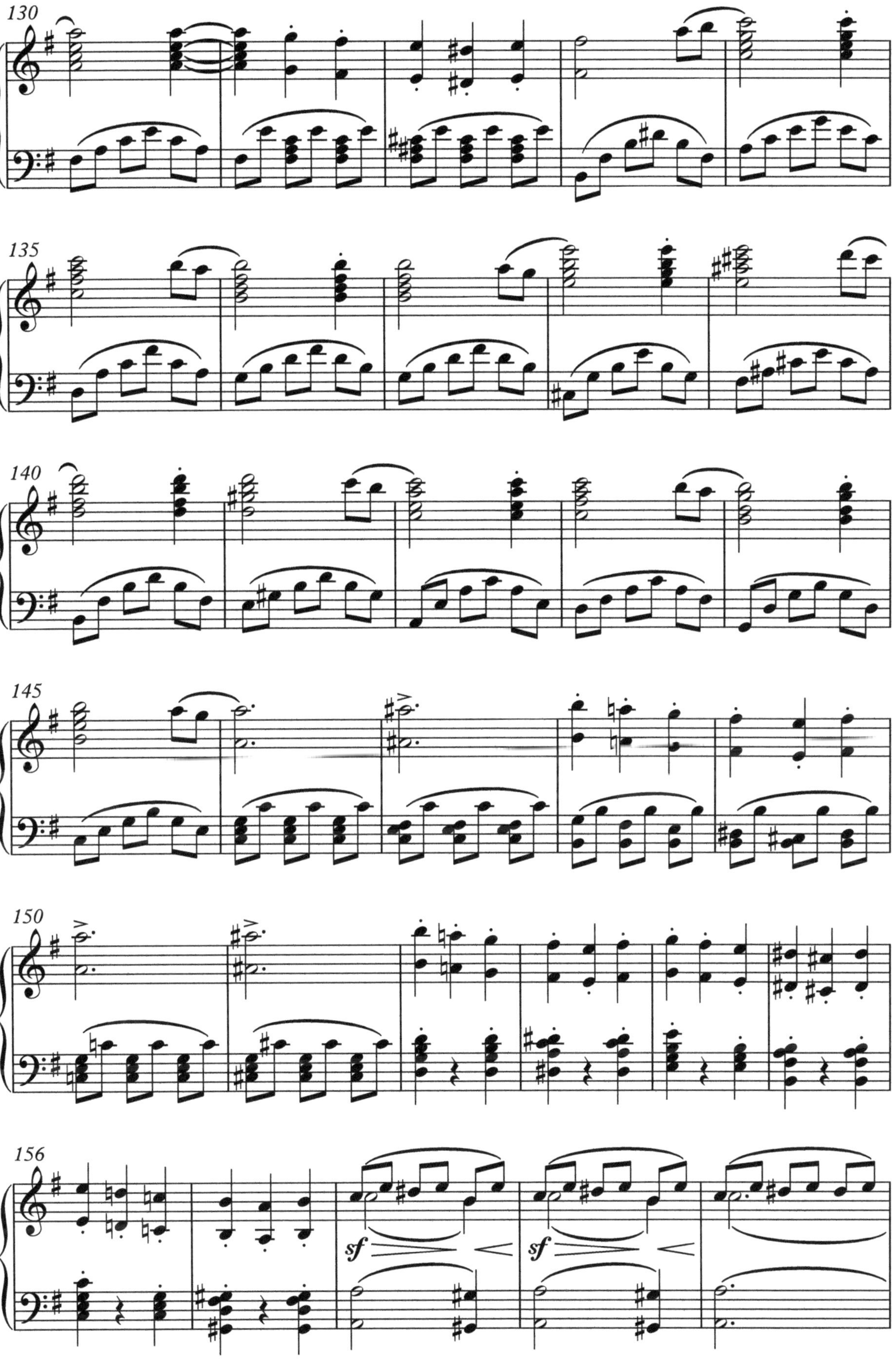
130
135
140
145
150
156
sf
sf

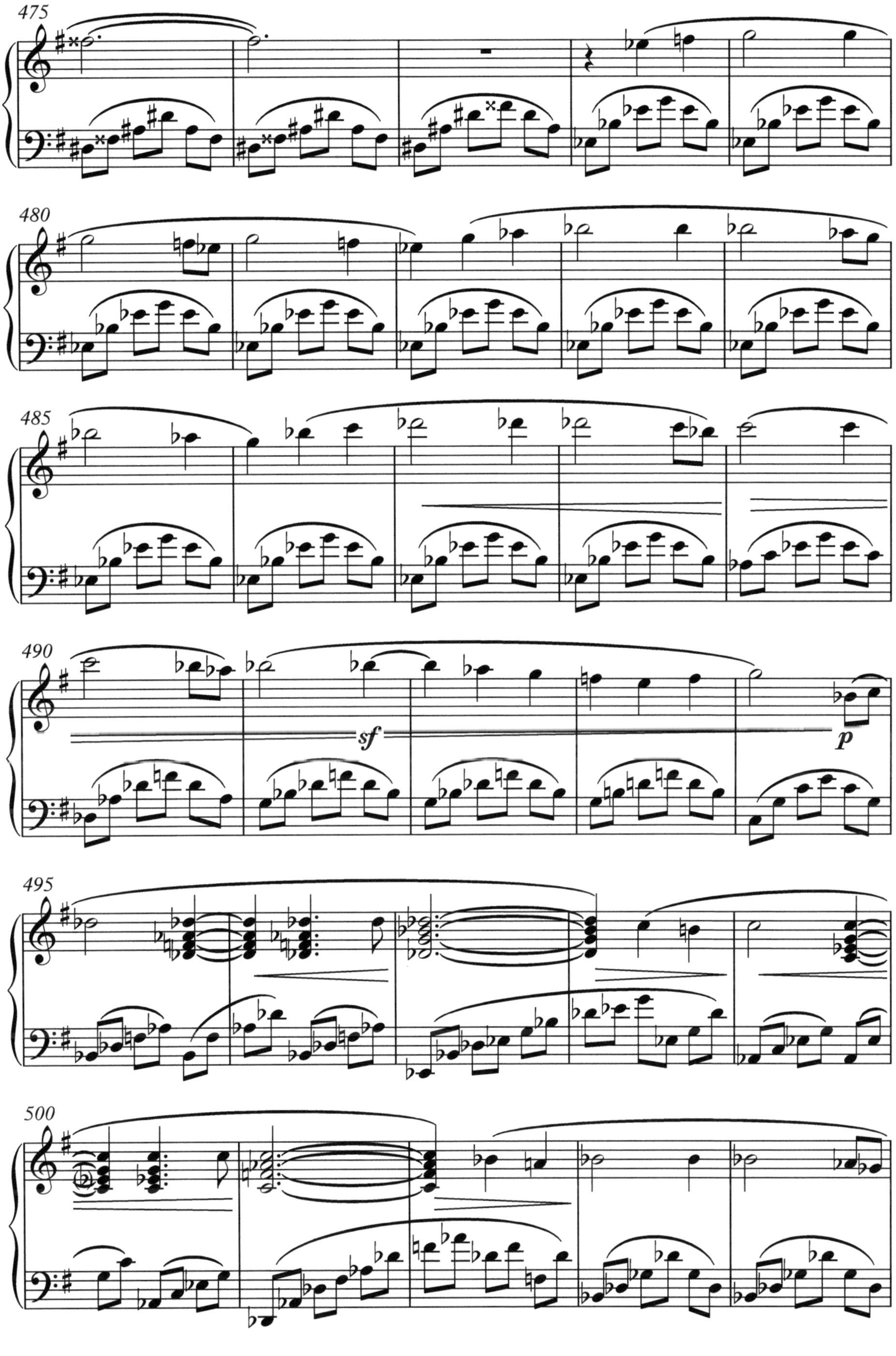
475
480
485
490
sf
p
495
500

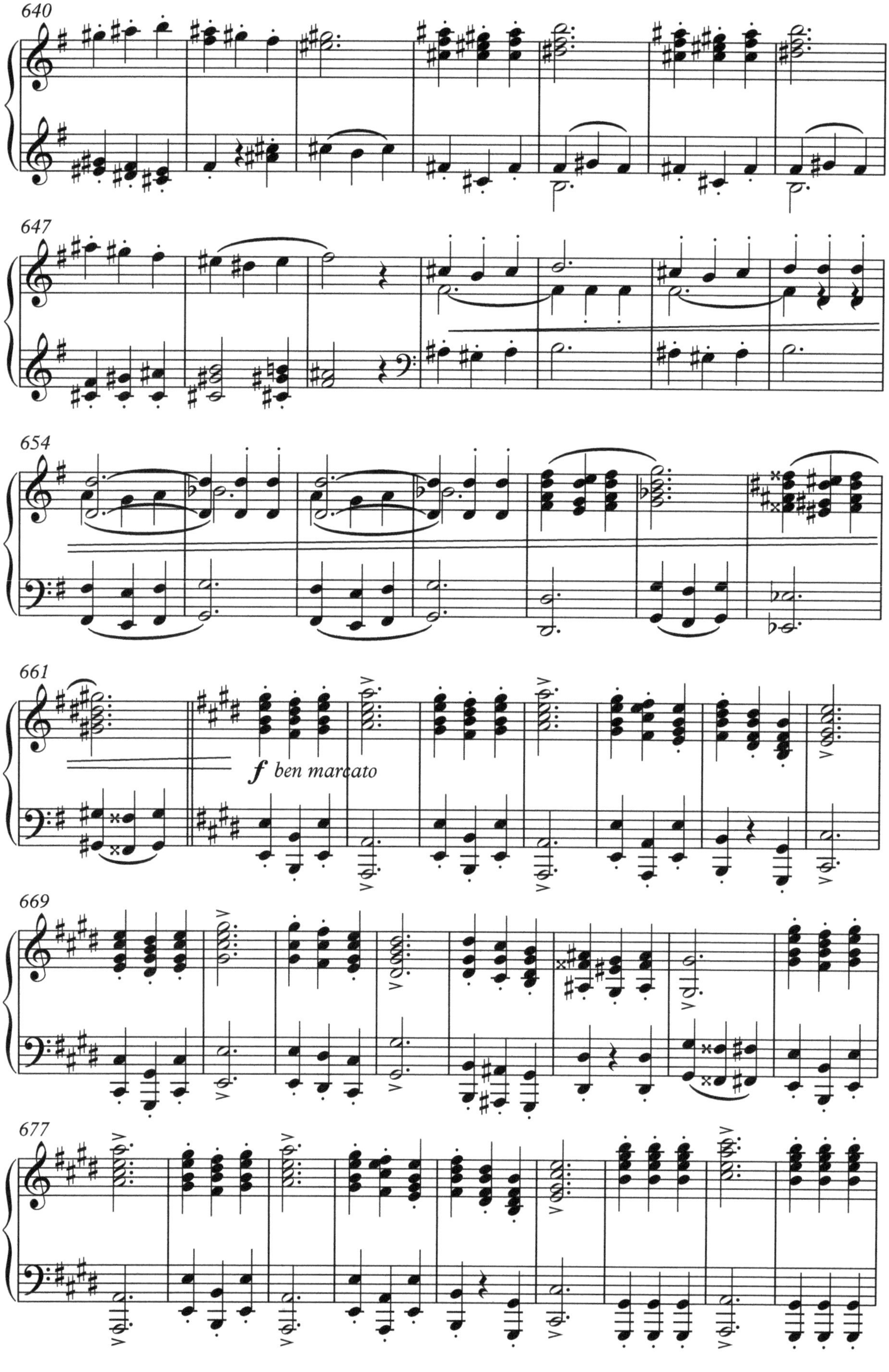
640
647
654
661
f ben marcato
669
677

Agitato e con fuoco